AF404711

Hans Jürgen Kugler

WORT
BRUCH

Gedichte

Freiburg im Breisgau

Impressum:

Hans Jürgen Kugler, „Wortbruch"
Alle Rechte beim Autor
Wortbrecher Verlag Freiburg (Selbstverlag) 1999

Umschlaggestaltung, Satz und graphische Realisation:
Doris Klippstein, Freiburg
Herstellung: Libri Books on Demand
ISBN: 3-89811-054-0

<u>Nicht vergessen</u>

Ich schreibe,
um zu vergessen.

Und um das nicht zu vergessen
schreibe ich
es eben auf:

Damit ich getrost
wieder vergessen kann,
was ich geschrieben habe.

Denn sonst wäre es vergessen.

1

Die Worte tanzen ...

*Im Anfang war das Wort
– und das war gelogen!*

Was weiß ich?

Ich weiß
weil ich weiß
daß ich weiß
was ich weiß

Daß ich weiß
was ich weiß
weiß ich
weil ich weiß
daß mein Wissen
um mein Wissen
immer auch weiß
daß es weiß
daß es weiß
was es weiß

Weil ich nun weiß
was ich weiß
und was ich besser
nicht wüßte
weiß ich jetzt
daß ich weiß
daß ich nicht weiß

Wie weiß ich
was ich weiß
wenn ich nicht weiß
was ich nicht weiß

Was ich nicht weiß
weiß ich nicht
ehe ich nicht weiß
was ich wissen kann

Weil ich nicht weiß
wie man vergißt
kann ich nicht vergessen
daß ich nicht vergessen kann
was ich vergessen habe

Was man einmal weiß
weiß man
und kann nicht mehr sein
was man war
als man noch nicht wußte
was man nun weiß
daß man es weiß

Nun weiß ich
was ich weiß
und wüßte
manches lieber nicht

Mein Wissen
dreht sich im Kreis
doch langt's
für ein Gedicht.

Kein Zweifel

Keine Fragen zu haben
ist fraglos
fragwürdig

keine Zweifel zu kennen
zweifellos
ein Grund zum Verzweifeln

keine Fehler zu machen
unfehlbar
ein Fehler

Ohne Zweifel
sind keine Fragen
zweifelhaft

Im Zweifel
verfehlte Fragen zu stellen
wären fehlende Fragen
ein Fehler

Mit Zweifeln fehlende Fragen
nicht zu stellen
wäre verfehlt

Im Zweifel
ungefragt zu fehlen
sind Fragen
zweifelsfrei
kein Fehler

Ohne Zweifel
Keine Fragen
Ohne Fehler
– so leben nur Idioten

Zweifelsohne ungefragt
und ohne Fehl
leben so die Toten

Was zählt

Zahllos
ist die Zahl
der zählbaren Zahlen.

Aber was zählt
läßt sich nicht zählen
– nur erzählen.

Welche Frage?

Stelle deine Frage
und lege eine Antwort aus
wie eine Ware zum Kauf

Stelle deine Frage erneut
und lege die Antwort aus
als wäre sie eine Frage
auf eine Antwort
– und dann lege die
Fragen offen
zwischen den Antworten

Frage immer
nach Antworten
die keiner geben kann
und antworte auf Fragen
die niemand stellt

Verzweifle nicht
an den Fragen
aber zweifle
an den Antworten

Leicht fällt, was schwer aufprallt

1
Es fällt
schwer
leichtzunehmen
was leicht
schwerwiegender
Leichtsinn
wäre

2
Schwerer fiel
vielleicht
was leicht
als Schwermut
Leichtigkeit
schwerfallen
läßt

3
Denn
leicht fällt es
schwer
leichtzunehmen
was schwer nicht
zu ertragen
wäre

Regel-Recht

Wer sich an Regeln hält
Hält die Regeln
Für recht
Und hält Recht
Für eine Regel

Hält die Regel nicht
Wer sie verspricht
Wird die Regel
Zur Ausnahme
Was ausnahmslos
Unrecht ist

Rechte Regeln
Regeln
Recht und Unrecht
In der Regel
Gerecht

Schlecht geht es gut

Gut geht es
Dem Schlechten
Wenn es den Guten
Schlechtgeht

Man muß schlecht sein
Um gut zu sein
In einer schlechten Welt

Denn schlecht wird
Es ergehen
Dem Guten
Dem Gutes
Widerfährt
Vor den Schlechten

Der Schlechteste
Ist unter den Schlechten
Der Beste

Die Gierigen
Dem Gierigsten
Noch Opfer

Und Opfer
Suchen sich Opfer
Unter den Schlechten
Die Schlechtesten
Zu finden

Schlecht geht es
Dann den Guten
Wenn sich die Schlechten gehen
Es sich gutgehen lassen

Der Misanthrop

Je mehr Menschen
ich kennenlerne;
je mehr ich
die Menschen kennenlerne,
desto weniger kann ich
glauben
an das Gute im Menschen,
weiß ich nichts mehr
vom guten Menschen,
finde ich nichts Menschliches
mehr am Menschen.

Der Realist

Ich bin
Realist:

Ich weiß,
daß ich
ein Träumer bin.

Kein Verstehen

Zwischen ihnen und mir
gibt es kein Verstehen

Ich begreife wohl
was sie bewegt
doch ich verstehe nicht
was sie nicht berührt

Ich weiß nicht
was sie nicht sehen
und auch nicht hören

Unwissend bin ich
sie aber sind
blind und taub

Was mir verborgen
ist ihnen undenkbar

Das ist der Grund
für ihr Behagen ebenso
wie für meinen Schmerz

Wer im Leben nicht

Wer im Leben nicht
manchmal auch scheitert
der scheitert schließlich
an diesem Leben

Wer ans Leben nicht
seine Fragen stellt
wird durch das Leben
in Frage gestellt

Wer im Leben nicht
für seine Träume lebt
lebt letztlich doch
nur in seinen Träumen

Und wer im Leben nicht
mit seinen Träumen lebt
der träumt noch wach davon
endlich auch zu leben

Mehr oder weniger

Wir alles sind doch
mehr oder weniger
auch nur Menschen

Manche mehr
manche weniger

Wobei weniger
mehr ist
wenn nicht
an Menschlichkeit
so doch
im Menschsein

Meine Meinung

Meiner
Meinung nach
Meint
Meinen
Meinerseits
Meist
Meiden

Notwendigkeit

Daß Not
not tut
um Not
notwendig
zu wenden
macht es nötig
notfalls
die Not
als nötig
zu benoten

Man muß nur wollen

„Heutzutage muß man
einfach wollen,
ob man will
oder nicht",
sagte jemand.

„Kann ich wollen,
daß ich wollen muß,
oder muß ich nicht wollen,
nicht wollen zu müssen?"
fragte ich mich.

Was man kann

Denken kann man alles
Sprechen kann man über vieles
Tun, was man nicht lassen kann.

Hätte ich meine Fehler nicht begangen
Könnte ich sie heute nicht vermeiden.

Interessenkonflikt

Ich bin interessiert
an dieser Frau,
die sich nicht für mich
interessiert.

Jene Frau aber
interessiert sich für mich,
was mich nicht
interessiert.

Interessant
wäre diese Frau,
wenn sie sich dafür interessierte,
was mich interessiert.

Interessanterweise
interessiert
sich aber keine Sau dafür,
was mich interessiert;
was mich wiederum nicht interessiert,
denn ich interessiere mich nicht
für Leute,
die sich nicht
für interessante Leute
interessieren.

Teilnahme

Ich nehme
an nichts teil
doch Anteil
an allem

Nichts wie es ist

Nichts,
wie es ist

Nichts.
Wie es ist.

Nichts wie.
Es ist.

Nichts –
Wie es ist:

.

Engste Ängste

Vertraute Enge
erweckt
vertraute Ängste

Vertraute Ängste
beengen
engste Vertraute

Engste Vertraute
vertrauen einander
vertraute Ängste an

Ängsten zu vertrauen
verschafft
engste Vertraute

Engste Vertraute
vertrauen
vertrauten Ängsten

Denn eng vertraut
mit vertrauten Ängsten
kann man engen Vertrauten
vertraute Ängste
anvertrauen

Kommen

Man *kommt*
      erst zur Welt
      dann zu sich
      vielleicht noch zur Vernunft
      und schließlich um

Lebens-Zeit

Leben lebt zwischen zwei Leben:
Dem, das wir leben,
Und dem, das wir leben möchten.

Wie die Zeit,
Die unablässig vergeht,
Zwischen der Zeit, die war,
Und der Zeit, die kommt.

Die Dinge und die Zeit

Ein jegliches Ding
hat seine Zeit
– die wir nicht haben

34

Es ist nie zu spät

Immer ist möglich
zu werden
was wir wären
wenn wir nicht wären
was wir sind

Die Zeit verrinnt

Die Sanduhr rinnt,
bar jeglichem Sinn.
Was heut' beginnt,
ist morgen dahin.

Tempus fugit

Jetzt ist die Stunde –
um!

Des Menschen treuester Begleiter

Mit ihm wird der Mensch geboren.
Sein ganzes Leben hindurch ist er mit ihm.
Begleitet ihn in der Liebe wie im Haß
Und wacht auch noch an seinem Sterbebett:

Der Schmerz.

Die Schlange stirbt

Die Schlange stirbt
Die keine Haut abwirft
Denn sie verdirbt
Weil sie nicht abgeschürft
Was mit der Zeit beengt
Worin sie eingezwängt

VER UM **S** CHLINGEN CHLINGEN

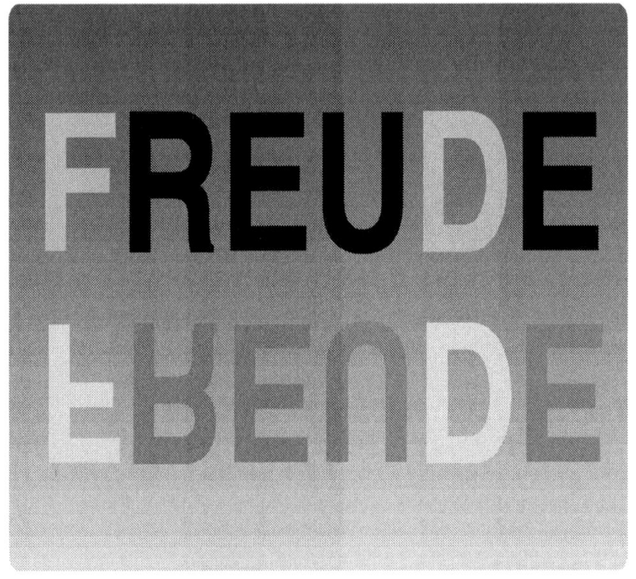
FREUDE
FREUDE

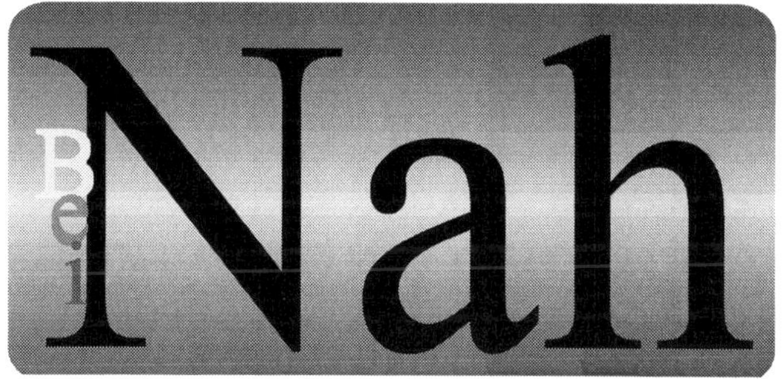

Bei
Nah

AN
HIN
PREIS
VER
GEBEN
NEHMEN
VER
AN
ERNST
HIN

2

... in dunkler Nacht ...

Es gibt kein Paradies.
Nicht mit den Menschen.
Und für die Menschen schon gar nicht.

In dunkler Nacht

In dunkler Nacht und schweren Stunden,
Wenn man sich fragt, wie oft man doch
Vergeblich sich bemüht, geschunden:
Wozu? Wofür? Wie lange noch?

In diesen stumm erlittnen Leiden,
In allem, was der Mensch begehrt,
In Dingen, die wir stets vermeiden,
Darin ist nichts, was ewig währt.

Weil alle Tage schließlich bleichen
Im rauhen Wind von dürrer Zeit
Wird jedes Elend denn auch weichen
In seiner Unerbittlichkeit.

Wer seines Lebens Bitterkeiten
Versöhnt dann auch zu Grabe trägt,
Der harrt nicht mehr auf bessre Zeiten,
Hat falsche Hoffnung abgelegt.

Es gibt kein Leben ohne Reue
Und keines ist auch ohne Trost,
Auch wenn Verzweiflung stets aufs neue
Wie wild in deinem Herzen tost.

Der Mensch wird immer Opfer werden
Von dem, was er geworden ist.
So läuft das Spielchen hier auf Erden:
Der eine stirbt, der andre frißt.

Als Wunsch und Tat noch ...

Als Wunsch und Tat noch Früchte trugen
Schien alles möglich in der Zeit.
Doch mit der Zeit ist Endlichkeit,
Geriet die Welt uns aus den Fugen.

Wir schworen Redlichkeit mit klugen
Und hehren Worten lang und breit,
Bis wir dann bei Gelegenheit
Uns schließlich doch den Kopf abschlugen.

Mit viel Verstand, doch kaum Empfinden
Noch hätten wir die Welt vernichtet,
Bevor wir selbst von ihr verschwinden.

Wir hatten Glück. Jedoch verpflichtet,
Ein Paradies für uns zu gründen,
Haben ein Schlachthaus wir errichtet.

Ein Glück, daß wir nur einmal leben

Ein Glück, daß wir nur einmal leben
Und nichts uns ewig davon plagt.
Ich habe mich schon oft gefragt,
Wozu soll es was drauf noch geben?

An uns selbst sind wir schon ohne Maß
Und wurden das, was wir jetzt sind
So unvermerkt, wie Zeit verrinnt
Durch Zufall bloß, wie nur irgend was.

In allem sind wir so fatal
Begrenzt; im Leiden leider nicht,
Scheint unerschöpflich unsre Qual.

Noch sind wir stark. Aller Verzicht
Birgt auch Gewinn, läßt uns die Wahl:
Man wächst am Leid oder zerbricht.

Weltkriege

I. Weltkrieg:
Ein Land führt Krieg
gegen die Länder der Welt
– und verliert.

II. Weltkrieg:
Einige Länder führen Krieg
gegen die Länder der Welt
– und verlieren.

III. Weltkrieg:
Alle Länder der Welt
führen Krieg
gegen die Welt
– …

Dein ist dein Wille

Gott ist eine Lüge
Der wir Kathedralen bauten
Schön wie die Sünde
Gewaltig wie die Berge
Strahlender noch
Als die Sonne selbst

In dieser Lüge Namen
Führten wir Kriege
Grausamer als Bestien
Getränkt in Blut und Feuer
Gewaltig wie die Vulkane
Und sinnlos
Wie das Leben selbst

Dein ist dein Wille
Mensch
Du sterblicher Gott

Eine Welt in Händen
Deinem Willen preisgegeben
Richtest du sie
Wie du dich richtest

Ein Unmaß an Fähigkeiten
Mit blindwütiger Kraft
Alle Grenzen sprengend
Und niemals innehaltend

Ruhelos
In jedem Augenblick
Verhaßt der eigenen Natur
Tötet uns
Unsere Liebe

Es ist Hunger

Die hungrig sind
nach Macht
werden scheitern
an ihrer Ohnmacht
zur Hingabe

Die hungrig sind
nach Wissen
wissen nichts
vom Ausmaß
ihrer Unwissenheit

Die hungrig sind
zu glauben
glauben alles
nur nicht
an den Zufall

Die hungrig sind
nach Leben
leben hungrig
ihr ganzes Leben

Die hungrig sind
nach Liebe
lieben einen Hunger
der nicht zu stillen ist
der Erfüllung
erst im Sterben kennt

Es ist Hunger
nichts als Hunger
der uns treibt
uns voller Sehnsucht
und Verlangen
wie mit Peitschen
vorwärtsjagt
heraus aus schrecklicher Leere
– in ein endgültiges Nichts

Ich stamme nicht von den Wölfen

Euer Heulen
Zähnefletschend
Erweckt einzig Widerwillen
Furcht und Ekel in mir

Ich stamme nicht von denen
Die sich rotten
Zu verwahrlosten Haufen
Und gierig und plündernd
Über den Planeten jagen

Ich spreche nicht
Einmal eure Sprache
Denn ich will nicht
Heulen wie die Wölfe
Mit den Wölfen

Mein Spiel ist es nicht
In aller Freundschaft
Sich zu beißen und zu schlagen
In wilder Kameradschaft
Seine Führer auszukämpfen

Der Haß ist eure Stärke
Der der Grund eurer Liebe ist
Mutig seid ihr im Rudel
Ängstlich aber alleine

Eure hechelnde Streitlust
Soll das Entsetzen niederschreien
Das ihr vor euch selber habt
Denn euch seid ihr der Feind

Weh euch Wölfen
Wenn euer Opfer gerissen
Wer wird dann der nächste sein
Wer wird jagen und wer fressen

Meine Gefährten seid ihr nicht
Euch werfe ich
Nicht zum Fraß mich vor
Ich meide eure knurrende Meute
Und suche Zuflucht nur in mir

Ich stamme nicht von den Wölfen
In mein Schloß lade ich euch nicht
Lebe abseits von euren Stätten
Denn ich gehöre nicht dorthin
Wo jeder seinen Platz findet

Meine Heimat – bin ich!

Feinde sind wir

Ich bin mein Feind
Du bist er dir
unversöhnlich
bis an den Tod

Wir sind hier
und wissen nicht
warum

Alle irren wir
in unserem Labyrinth
und suchen einen Weg

Schon die ersten
zaghaften Schritte
führten uns
vom Ausgang weg

Von Verblendung geführt
stolperten wir drauflos
Kein Innehalten vermochte
an uns sich zu binden
unserer Natur gemäß
als Vertriebene
trieben wir uns
rasten
rastlos einher
selbst die Erde
zerschmetternd
unter verlöschenden Spuren
aus Asche und Staub

Uns ist kein Feind
außer uns

Wir wollen alles
weil wir
uns nicht haben können

Dabei sind wir uns selbst
nicht zuwenig
eher schon zuviel

Zuviel an dem
was wir schon sind
zuviel daran
was wir sein wollen

Denn jeder ist schon
mehr
als er zu sein vermag

Die Geborgenheit
eines gesättigten Daseins
verloren wir irgendwo
im Mäander unseres Weges
oder hatten wir nie besessen
wird uns nie zu eigen sein.

Noch gehen die Adler durchs Haus

Noch gehen die Adler durchs Haus ...

Ich ohne Blut
ausgestorben das Herz
vertrocknet das Gedärm

Noch gehen die Adler durchs Haus
für ihre Brut
auf Beute fliegen sie aus

Ich hab keine Sorge
mein Tod wird ihnen nicht schmecken
denn ich bin die Milbe
die ihr Gefieder zerkaut

Noch gehen die Adler durchs Haus ...

Nur durch die Sonne

Nur durch die Sonne
Die langen Schatten auch
Das Dunkel sich feiernd im Licht

Die strömende Stadt verschlingt ihre Kinder
Reißt Erde und Wasser
Feuer und Luft in ihren Sog

Ich hatte nie eine Heimat
Nicht im Dunkel
Und nicht im Licht

Ich streune herum
In wechselnden Einsamkeiten
Benetze das Feuer
Und lösche lächelnd ein Licht

Traurigkeit, meine Trauer

Die Traurigkeit,
meine Trauer,
sitzt so tief auf dem Grunde
– Tränen helfen da nicht.

Nicht das heftigste Klagen
vermag sie zu rühren,
kein Weinen
lindert diesen Schmerz.

Mein Lachen gerät ihr zur Farce,
Zuneigung vergilt sie mit Angst;
Hoffnung ist ihr Nahrung,
meine Freude
ihr traumloser Schlaf
und Wehmut
ihr Gespür für Liebe:
Ihr grundloser Sog
ist meine seelische Essenz.

Die Trauer ist mir eine vertraute Gefährtin,
an ihr gehe ich nicht zugrunde.

Aufstört
ihre Qual meinen Gleichmut,
ihr Klagen gebiert mir meine Lieder,
läßt glücklich sein mich unter Tränen,
und lachen
und weinen
und verzweifeln am Glück,
das mich dennoch ereilt.

*Der Blick des Odysseus**

> Nur ein paar Schritte von hier

Nichts
Nur Nebel
Ätzendes Weiß
Das in den Augen schmerzt
Eine Leinwand ohne Film

> Eine Stimme
> SCHÜSSE
> Noch mal die Stimme
> Noch ein paar SCHÜSSE

> Nichts
> Nur Nebel
> Und darin Leichen
> Drei tote Körper
> Hingestreckt auf kaltem Eis

Nichts
Nur Nebel
Schmerz kennt keine Worte

Nichts
Als würgendes Schluchzen
Ausgeworfen
Aus verkrampfter Brust
Ersterbendes Geheul
Eines tödlich verwundeten Tieres

---

* Das Gedicht bezieht sich auf die Schlußszene des gleichnamigen Films von
Theo Angelopoulos „Le regard d'Ulysse" von 1995

*Unter die Räder**

Was tot schon aus dem Mutterschoß
Als Leiche in die Welt geschickt:
Wie wird man das nur wieder los?
„Indem man es sogleich zerstückt!"

Der tote Fötus wird verbrannt
Und dessen Schlacke dann verbaut.
Nur Asche bleibt von seiner Haut,
Die Knochen pflastern unser Land.

Das ist kein Witz, dies ist kein Scherz!
Das ist noch nicht mal ausgedacht!
„Die Toten spüren keinen Schmerz.
Das wird halt heute so gemacht!"

Gestorben ist der Körper Müll
Und wird als solcher auch entsorgt.
Beschwer dich nicht, sei lieber still,
Das Leben ist doch nur geborgt.

Die Welt, sie stirbt doch jeden Tag,
Und wird im Sterben wieder jung.
Was dir an einem Menschen lag
Ist heute schön, und morgen Dung.

* Dieses Gedicht bezieht sich auf einen Report-Bericht vom 20. 7. 98, der dar-
über informierte, daß in unseren Kliniken die Leichen totgeborener Föten zuerst
zu einem Granulat verarbeitet werden, das dann zusammen mit anderen
Klinikabfällen als Sondermüll verbrannt wird. Die bei der Müllverbrennung
entstehende Schlacke wird unter anderem im Straßenbau verwendet. Eine
saubere Lösung, klinisch rein und perfekt recycelt!
Und was lernen wir daraus? So oder so, man kommt unter die Räder.

3

... im Spiegel die Sterne ...

Die Sterne funkeln im Dunkeln
Bei Tage strahlen sie vage

Im Spiegel die Sterne

Im Spiegel die Sterne
glühende Spitzen
der Tiefe entsprossen

Im Spiegel der Sterne
leuchten Planeten
wie Katzenaugen
im ursprünglichen Feuer
der Gestirne

Am Tage die Sterne
strahlen verborgen
verlöschen im Licht
einer einzigen Sonne

Über uns

Über uns
das eisige Glühen der Gestirne
das alte Licht
der am weitest gereisten Vergangenheiten

Betrachten wir die Sterne
blicken wir heimwärts
zurück zu unserem Ursprung

Erahnen die Heimat
worin noch keiner war
die aber jeder verloren glaubt

Ersehnen die Fremde
die niemand kennt
und jeder in sich trägt

Weshalb wir uns
denn himmelwärts verzehren
verlockt durch das Ziel aller
verschütteten Sehnsucht
das einzig in der Musik
zuweilen uns aufscheint
als mächtiges Zerren
an unserem innersten Urgrund

Verborgen
in der hintersten Kammer des Schlafes
weht manchmal
ein Hauch davon
in unsere Träume
und läßt uns traurig erwachen

Was uns im Schlaf so nah erschien
ist uns wach in weiter Ferne
entflohen an den Rand der Zeit
und unerreichbar in der Welt

Ein
im
FINSTERN
TE
S
NR

Sternennacht

Vom Weltraum
der Blick
auf die Welt.

Wie im Himmel
so auf Erden:
Die Erde
voller Sterne.

Sternenstädte,
gesprenkeltes Licht,
über die Welt gespannt
wie ein Spinnennetz
im funkelnden Morgentau

Stern reiht sich an Stern,
hier auf engstem,
dort im Weltraum.

Eisiges Dunkel,
milliardenfach durchsetzt
mit glühendem Licht.

Im Himmel wohnen die Sterne,
bevölkern das grenzenlose Nichts.
Hier,
umgrenzt vom Nichts,
auf Erden wir.

Bild: Nasa

Träume

Träume nicht von diesen Stunden
Träume nächtens nicht von hier
Träume sind wie offne Wunden
Träume träumen nur zu dir

Träume können zärtlich beißen
Träume sind wie ein Geschwür
Träume können dich zerreißen
Träume sprechen nur zu dir

Träume müssen dich aufwecken
Träume müssen grausam sein
Würden Träume dich nicht schrecken
Würdest du ein Träumer sein.

Traum – Trümmer

Kein Heil und keine Heilung
Kein Halt und keine Haltung

Keine Haut und keine Häutungen

Mitten im Leben

Jenseits der Wirklichkeit
liegt im Schlafe
verborgen die Wahrheit

Mitten im Leben stehe ich
zitternd und wage nicht
aufzubrechen den Kerker
banaler Faktizität

Der Alltag verheißt eine Sicherheit
die es im Leben nicht gibt
betäubt in seiner Ödnis
alle aufblühende Kraft
leugnet gar die ständige Möglichkeit
grundlegenden Wandels

Nicht ohne Grund
reizt und ängstigt zugleich
das Außergewöhnliche
zeigt sich in der Ausnahme
die Aussicht auf die andere
bessere Seite der Welt
den geheimen Ort
eines vergessenen Lebens
worin alle verfallenen Wünsche
sich ablagern
als verworfene Träume

Und lebten wir auch
gemäß unseren Träumen
– wir würden wahnsinnig dabei

Im selben Moment

Ein Augenblick flackert lodernd empor
flammt in einer Sekunde
erhellt eine Welt
und stirbt uns ins Antlitz
im selben Moment

Dieses gesehen
und zugleich nicht gesehen
verdirbt uns die Dunkelheit
zeigt uns
daß Welten existieren
von denen wir nicht träumen

Augenblick,
daß du stirbst
wie du wirst
im selben Moment
in dieser einen Sekunde
die alle Zeit umfaßt

Augenblick
in diesem geborenen Sterben
glättet uns ein hungriger Tod.

Der Mensch wird

Kein Mensch ist
was er meint zu sein
Ist nicht
was er denkt und fühlt
Nicht
was er tut
Nicht einmal
wenn er tut
was er denkt und fühlt

Der Mensch kann werden
was in ihm ist
und ihm geschieht
Kann auch werden
was er begehrt
zu werden
oder was er verabscheut
zu sein

Der Mensch ist
indem er wird
Doch nur die wenigsten werden
was sie sein könnten

Was uns bleibt

Was uns bleibt
ist nicht die Erinnerung
ist nicht Geruch und Schatten
keine Intensität
noch Liebe
und auch keine Hoffnung
nicht der Glaube
und nicht die Vernunft
weder Reichtum
noch Schönheit

Was uns bleibt
ist die Sehnsucht
nach dem Glück
das es nicht gibt

Von Angesicht zu Angesicht

Von Angesicht zu Angesicht
können vier
Augen leuchten
wie eines
in einem Blicke
ungesehen schauen

Gesicht im Spiegel
Deine Augen
mit deinen Augen
gesehen

Das bist du
wenn du es auch nicht erkennst
– kein anderer
außer mir

– Angesicht –

Ich in mir allein

Ich in mir allein
dieses brennende Dunkel
die Hölle darin in jedem

Manchmal
macht die Liebe uns
glauben
wir wären anders
könnten andere sein
alles
würde sich wenden
weil wir es so wollen

Wir glauben der Hölle dann
sie wäre unsere
ursprüngliche Heimat
ein prunkvoller Ort
unsere Lebendigkeit
zu feiern

Also tanzen wir
wieder in törichtem Taumel
ein letztes rasendes Aufbäumen
in finaler Ekstase
endwärts

…

bis wir uns wieder
klarwerden
daß einzig die Illusion
uns am Leben erhält

Allein

Ich führe ein Leben am Rande der Gesellschaft.
Ich lebe allein, ich schlafe allein, ich fühle allein
schon Beklemmung bei dem Gedanken,
jemanden zu treffen.

Allein bin ich nicht
einsam, noch fürchte ich mich,
niemanden um mich zu haben.
Der andere ist die Falle,
in der wir, alleingelassen,
zappeln;
es ist, was der Fall ist.

Auge in Auge

Ich sehe das Wasser
gurgelnd im Abfluß
um das Nichts
wirbelnd
seine Kreise drehen
schneller und schneller
höre es letztmals noch gluckern
und dann nur noch Leere

Das Auge
hat sich strudelnd geschlossen
und sieht
mit leerem Blick
mich an

In deinen Augen

Ich sehe
in deinen Augen
meinen Blick
auf mich gerichtet

Gespiegelter Spiegel
ein ums andere Mal
zurückgeworfen
auf dich –
auf mich

In allen Spiegelungen
immer nur dasselbe
Abglanz
Widerschein
identische Kopien

Unendliche
Fülle
im Virtuellen

im Realen ist
Erfüllung
unmöglich

Identische Kopien
Widerschein
Abglanz
immer nur dasselbe
in allen Spiegelungen

Auf mich
auf dich –
zurückgeworfen
ein ums andere Mal
gespiegelter Spiegel

Auf mich gerichtet
meinen Blick
in deinen Augen
sehe ich

4

... für die Liebe ...

*Der Mann fühlt
mit seinem Schwanz.
Die Frau denkt
mit ihrer Gebärmutter.*

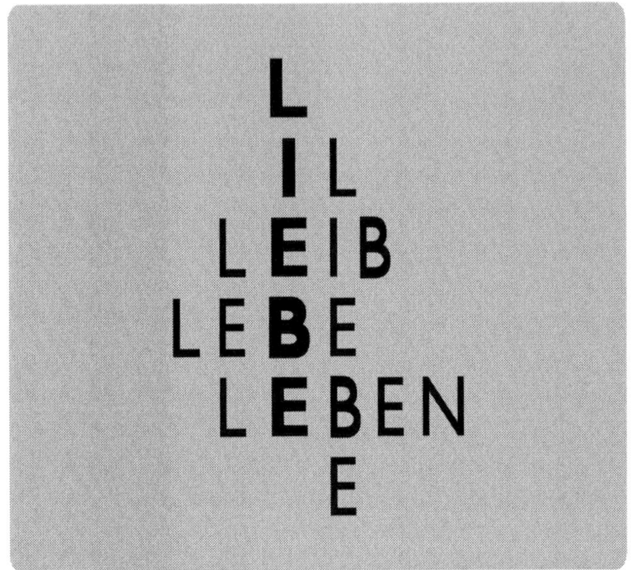
L
I L
LEIB
LEBE
LEBEN
E

Wie schön du bist

Wie schön du bist im Sommerwind,
der sanft sich in dein Haar vergräbt,
es sacht die Landschaft hineinwebt,
bis Blüten ihr entsprossen sind.

Wie schön du bist im Abendschein,
tief eingetaucht in warmem Licht,
das sich in deinen Augen bricht
und selbst nicht schöner könnte sein.

Wie schön warst du mir in der Nacht,
als Haut an Haut und Haut an Haar
sich heftig aneinander drängten.

Vereint sind wir dann aufgewacht,
weil du und ich schon unlösbar
zu einem Körper uns verschränkten.

Der kleine Unterschied

Der Mann verfällt
nur allzu leicht
einer unübersehbaren Schönheit
die unter die Haut geht

Die Frau dagegen
zuweilen auch
der leicht übersehbaren Schönheit
die unter der Haut liegt

Mit allen Sinnen

Mit meinen Augen
lausche ich deinen stummen Liedern
und sehe in deinen Worten
den Klang berauschender Stille

Ich schmecke in deinem Atem
die beruhigende Schärfe deiner Gedanken
und rieche das Flattern
deines Gespürs in meiner Nacht

Ich spüre dein Flüstern
tief in meiner Haut
vernehme den Glanz
deiner Augen als Blitzschlag
aufbrechend meinen Bauch
und schmiedend den Bruch
zwischen mir und der Welt

Ich komme und sehe und rieche und schmecke und fühle
hörend und sehend und riechend und schmeckend zugleich
daß ich bin wer ich bin und immer war und sein werde

Und das bist du

Indem wir uns lieben

Indem wir uns lieben
träumt sich die Welt
eine schlaflose Nacht,
verrinnt unser Denken
in den Schächten des Vergessens,
berauscht sich unsere Existenz
an uns selbst
erfüllt in sich.

Von unserer gesättigten Sehnsucht
vermögen keine Worte zu künden.
Verzehrt von heißem Atem
verlor sich uns die Sprache
verzerrt zu sinnlosen Frequenzen.

Unser Innerstes zu äußern
gibt es keine Worte.

L.

I

Geliebte –
Dein Nachtgestreichel im Augenblick
Unserer konkretesten Hingabe
Deine tröstende Hand
Auf meiner nackten, verlangenden Haut.

Dein Mund,
Sehnsüchte weckend
Und Wollust fordernd,
Den meinen Lippen
Durstig entgegengestreckt –

Geheiligt zeitloses Verlangen
Entflammt
Auf meinen Lippen Gesänge;
Meinen lebendigsten Träumen
Erschloß sich die Weihe
Deiner offenbarten Weiblichkeit

II

Wir lebten wie auf Gazellen,
Schwebende Leichtigkeit
Durchwob unsere Tage,
Ließ uns taumelnd
Durchtanzen die Welt.

Ich weiß nicht,
Wo du jetzt bist,
Weiß nicht,

Wer dich jetzt liebt
Doch ich weiß
Daß du einst bei mir,
Mit mir warst.

Was uns hiervon bleibt
Ist die Erinnerung,
Matter Abglanz
Aus Tagen voller Licht.

Aber auch aufblitzende Verheißung,
Dem Abgrund der Zeit entrissene Blüten –
Sternenglanz vergangener Tage,
Die Gegenwart versöhnlich durchschimmernd.

Symploke

Die Schönheit
Deiner geschlossenen Augen
Wetteifert mit
Deinem offenen Blick.

Dein unbändiges Verlangen
Peitscht mein Leben
In seine höchsten Extreme.

Dein durstiger Mund
Umschlingt mein Innerstes
Und treibt es
Zu feuriger Klimax.

Deine Arme
Pressen meinen Körper
Deinem Körper seine Ekstase
Zu zuckendem Leibgeknäuel.

Heftig atmendes Fleisch,
Das bloßliegt im Dasein,
Um sanft der Welt zu versinken.

94

– *Herzschmerz* –

Augenblick

Einen Augenblick nur
währt das Leben der Menschen.

Du aber wirst sein
Eine Blüte im Sommer.

Wenn die Narzissen,
Die Iris längst verwelkt
Wirst du
Aus trockener Erde hervorbrechend
Deine Knospe wie ein Auge öffnen
In leuchtendem Rot;
Dem Stillstand neue Verheißung,
Neue Hoffnung
Am Ende erlittener Qualen.

Blühen wirst du
Heiter und strahlend
Wie nie ein Wesen zuvor.
Und währen wird deiner Blüte stolze Pracht
Länger als die späteste Aster,
Länger noch als das Vergessen.

Du wirst blühen,
Blühen
Bis alles vergeht
In Frieden.

Tag und Traum

Der Tag war heiter,
Glücklich seine Nacht.
Die besten Tage seither,
Die habe ich mit dir verbracht.

Deine Tränen will ich trinken,
Dein Grund zur Freude will ich sein.
So laß uns in die Arme sinken,
Der Tag ist heut', sag jetzt nicht nein.

Denn unser Sommer kurz nur währt
Und nur zu bald der Herbst anbricht.
Die Welt sich einen Teufel darum schert,
Ob wir uns liebten oder nicht.

Weil man nur einmal leben kann
Und später keiner danach fragt,
Laß es uns leben alsodann,
Eh man ein Leben lang verzagt.

Denn jeder Tag ist ohne Wiederkehr
Und jedes Lächeln bald verweht.
Ein Traum nur, wild und inhaltsleer,
Der fort uns treibt und bald vergeht.

Nach dem Feuer

Die Tage voller Feuer
Sind zerstäubt
Zu Asche, die verweht,
Wieder Früchte zu nähren.

Kein Klagen ertönt,
Noch Wut und Verzweiflung
Erheben ihr häßliches Haupt.
Nur stille Trauer,
Sich selbst genug als Trost.

Weil alles Erlebte vergänglich,
Alle Erfahrungen unwiederbringlich sind
Und am Ende nichts uns bleibt.

Darum meine ich,
Sollten wir einmal beginnen,
Die Lasten abzuwerfen,
Innezuhalten und
Endlich da zu sein.

Kein maßloses Begehren,
Nicht wildes Lodern
Nach Rausch und Extremen.
Nur endlich da sein.

Dann aber schreite weiter,
Denn noch ist es nicht
Zu spät!

Von Mensch zu Mensch

I.
Wenn ich auch
keine Erfüllung fand,
Dein Blick sich nicht senkte in meinen,
Mein Verlangen dich nicht gewann
Und meine Worte verhallten ins Leere
Wie Musik, die niemanden erreicht.

So hast du mich doch daran erinnern gemacht
Und eindringlich mir vor Augen geführt,
Daß es mehr zu fühlen
Als zu denken gibt auf dieser Welt,
Daß kein Kopf ohne Herz leben kann.

II.
Weil Worte nur Hauch sind,
Gefühle nur Biochemie,
Hoffnungen Trug
Und Sehnsucht unerfüllbar.

Weil ich dies weiß
Und oft schon schmerzvoll erfahren,
Kann ich dennoch glücklich sein
Und brauche das Leben nicht zu verfluchen.

Denn was ist schon
Das bißchen persönliche Trauer
Gegen dieses Unmaß an Leid
Das der Mensch seit jeher
Dem Menschen angetan!

Platsch!

Einst sah ich in deinen Augen
Mein Antlitz mir leuchten

Sah umkränzt von dunklem Feuer
Verloren einen Schatten meiner selbst.

Wie das Kind,
Das in den Brunnen gefallen.

Diese eine Zeit

Eine lange Reise
habe ich bereits hinter mir,
habe durchschritten Jahre
düsterster Bedrängnis
und ebenso Tage gekostet
angefüllt mit Glück,
wurde innig vertraut
mit dem Licht und dem Schatten
und könnte nun zufrieden sein
mit mir und meinem Leben.

Dir aber verspreche ich
nicht nur Tage voller Licht,
nicht nur Nächte,
getränkt in Feuer.
Vor allem möchte ich dir
deinem Leben neue Erfüllung schaffen,
denn an meiner Seite
wirst du auch wachsen können,
könntest du dich entfalten
in all deiner wunderbaren Weiblichkeit.

Deine Sanftheit und deine Wärme
will ich hegen als meine kostbarsten Güter,
sollen Heimstatt und Nahrung mir sein.
Wie ich dir würdest du mir
schöner noch aufblühen
als die seltenste Rose
im prachtvollsten Garten.

Wir haben nur diese eine Zeit
auf dieser einzigen Erde,
diese beiden absoluten Dinge des Lebens,
die niemand uns ersetzen kann.

Diese eine Zeit auf dieser einzigen Erde
könnten wir miteinander teilen,
könnten gegenseitig wir uns weihen;
auf aufleuchtender Spur
durchmessend Zeit und Raum.

Der offenen Grenze

I.

Dein Lächeln, Geliebte,
fällt wie Sonnenstaub
in den tiefen Schacht
meiner Träume;
läßt sanft hinschmelzen,
was längst sich schon
erstarrt glaubte.

Dein Lächeln, Geliebte,
macht mich zittern
und ich beginne
den Mantel abzuwerfen.

In deinen Augen, Geliebte,
spiegelt sich
meine Hoffnung,
sehe ich
eine Heimstatt mir leuchten,
weiß ich mich geborgen.

Die Berührung deiner Hände
durchpulst meinen Körper
in bebender Erwartung.

Deine Finger graben Furchen
in sanft wogender Flur,
zeichnen Landschaften auf meiner Haut,
der offenen Grenze zwischen mir und dir.

Dein Kuß
ertränkt meine Zweifel
an mir und der Welt,
läßt auf sandigem Grunde
meine Trauer versiegen.

II.

Nimm mich mit deinem Lächeln,
Leuchte mir meinen Augen,
Tränke meinen durstigen Mund.

In meinen Armen
erschließt sich deinem Begehren
meiner Zärtlichkeit tausendfache Vergeltung.

Deinem Verlangen will ich willfahren
in wild sich ergießendem Überfluß
meines innersten Feuers,
das sich verzehrend selbst ernährt,
sich an dich,
an mich verströmend neu entflammt.

Kopflos klammern wir uns aneinander,
pressen die Einsamkeit aus unseren Körpern,
reichen unserem Dasein die schärfste Essenz.

Nie werden unseren Leibern
die aufgeprägten Siegel erlöschen,
kein Vergessen
unsere Ekstasen je tilgen können.

Denn durch schwindlichtem Taumel
glückte jäh unserem Leben
im Vergänglichen ein Hauch von Ewigkeit,
ward uns gereicht der überquellende Becher
erfüllter Lebendigkeit,
die atmende Kraft
ungestillter Träume

Die Sprache des Fleisches

Obgleich von Liebe nie die Rede war,
so lebten wir doch freien Herzens unsre Lust,
verflocht sich dein Leib innig dem meinen
zu zuckendem Geknäuel fiebriger Begierde.

Du lehrtest mich wieder
die ursprünglichste aller Sprachen,
die konkrete Handschrift des Fleisches.

In heftiger, erdverbundener Diktion
durchpflügten wir das Feld menschlicher Erfahrung;
schrieben mit der unverbrauchten Syntax
aufseufzender Laute unseren Körpern
die Verse feurigen Verlangens ein.

In dieser Nacht ward uns
die klare, unverstellte Stimme quellenden Blutes
nicht Qual, sondern Erfüllung.

Am nächsten Morgen noch
waren die Seufzer
auf unseren Lippen gebunden
und lange noch
atmeten die Kissen
den Duft deines Haares,
verströmte sich leise wehend
der Hauch deines Körpers
bis hin zu dem Tage,
da neu entflammt du verwandelt wiederkehrtest.

Was uns fehlt

Was dir fehlt
an weiblicher Anmut
das mangelt mir
an Männlichkeit
und Härte

Darum suche nicht
in mir den Mann
den du begehrst
denn ich suche in dir
auch nicht die Frau
die ich nicht finden kann

Ich kann dir nicht geben
was andere anderen
so leichten Herzens geben
und auch du wirst
bei dir nicht finden
was ich bei anderen suche

Nimm trotzdem das von mir
was du nirgends sonst bekommst
denn ich hole mir auch von dir
was keine andere mir geben will

Was uns fehlt
ist nicht die Liebe
nicht die Sehnsucht
nach dem andern
die in uns wütet
und uns nachts
nicht schlafen läßt

Was wir aber haben
mehr noch als alle andern
ist unser ungestillter Hunger
auf ein bißchen trauliche Nähe
die unglückliche Hoffnung
alles werde sich ändern
was unabänderlich bleibt

Was uns verbindet
ist nichts
als der Mangel
der sehnliche Wunsch
im Leben mehr zu bekommen
als wir uns nehmen können

Ich kann dir nicht mehr geben
als meinen hungrigen Schwanz
nicht mehr als meine nackte Begierde
die dich morgen schon nicht mehr kennt

Schweigend finden wir zueinander
und liegen still noch zusammen
ohne Worte
selbst die Hände
gleichsam nur flüsternd
streichen sie stumm
über unsere reglosen Körper

Wir beide haben unsere Träume
die uns scheiden
und führen unser Leben
auch ohne den andern
ohne einander
zu suchen
und ohne uns
zu finden

Wir sind uns gleich
in unserer Einsamkeit
und der Trauer
darüber
daß wir sind
was wir sind
wie in unserer Angst
daß uns eines Tages
gar kein Mensch mehr
fehlen wird

Die schimmernde Blüte

Ich liebe
deinen vogelleichten Körperbau
deine Glieder
geschliffen aus der Milch
fest gefrorener Zeit

Ich liebe an dir
die Anmut
eines sich Bahn brechenden Frühlings
der den Winter überstanden hat
und noch nichts vom Sommer weiß

Aufseufzend
gieße ich meinen Atem
in den blutvollen Kelch
deiner geöffneten Lippen
der empfänglichen Heimat
aller intensiven Empfindung

Ich lecke deines Geschlechtes
schimmernde Blüte
als eine Wunde
die mir geschlagen
lege zitternd meine Hand
auf das Pochen
deines entfesselten Herzens
streue Blumen aus Feuer
auf deinen bebenden Leib

Liebe ist eine Sprache der Haut
die hingehauchte Poesie
zärtlicher Berührungen
und das Herz eine flammende Grube
worin unsere Körper sich stürzen
das Feuer wiederzufinden
das sie einst hervorgebracht

Die Zeit zersetzt

Wir haben so wenig gemeinsam
nicht viel mehr
als unser Verlangen
unsere menschliche Gier
die uns immer wieder
unerbittlich aufeinandertreibt
unermüdlich
wie einen Hund
auf seine Herde

Und fehlte uns auch
das magische Feuer
der verlockende Funke
schillernden Wahns
so gehörte uns dennoch
für eine Nacht
diese eine Nacht
und die Morgenröte dazu
mit ihrem scheuen Glanz
der vergängliche Zauber
ungezählter Möglichkeiten

Wir hatten keine Geschichte
die uns verbinden
keine Worte
die unsere Sprache
im Gleichklang
hätte schwingen lassen

Wir bluteten nicht
in verzehrender Wildheit
brannten unseren Leibern
keine Zeichen im
tosenden Licht
auflodernder Flammen ein

Aber wir hatten dennoch
als einziges
und Wichtigstes
für einen kurzen Moment
unser Zutrauen
wiedergefunden
einen blassen Funken Zuversicht
der unser brüchiges Dasein
erst wieder zum Leben erhob
– erst wieder ins Leben rief

Doch wo kein Taumel ist
der uns den Boden
jäh entzieht
zersetzt die Zeit
ein solches Fundament
das schon im Anfang
morsch sich zeigt
verdorren im Alltag
die unbändigen Gefühle
versickernd im Treibsand
einer sich wandelnden Welt

Wir blieben uns fremd
und blieben uns treu
keine Schwüre
kein Zittern
und auch kein Geschrei

LEBEN

Sonnen werden im Dunkel geboren

Ausgehungert von Begehren
begann die Einsamkeit
mich langsam aufzufressen

In alle lichte Hoffnung
flocht ich heimlich meine Tränen ein
verstummt in düstrer Trauer
meiner Leier Saitenspiel

Deine Stimme aber
klingt noch nach in mir
durchweht die Stille meines Herzens
mit ihrem Widerhall

Ich sauge deine Blicke auf
und tränke mein Verlangen
mit ihrer sanften Glut

In deiner Nähe
fühle ich mich lebendig
spüre ich sprühend
die Vitalität eines Mannes
der zum Aufbruch mahnt

Ich schmücke dich mit meinen Versen
die ich aus wachen Träumen barg
bekränze dich mit Worten
geprägt aus Kristall

Deinem Körper singe ich
die eingeschriebenen Lieder
der schlummernden Urkraft
die in dir gebändigt
sich drängend verbirgt

Auf Flügeln rasendem Herzpochens
betreten ineinander verkrallt wir
das Königreich der erregten Genitalien
dieses brennende Feuer
das erst im Erlöschen
uns den ersehnten Frieden schenkt

Die Zuflucht des Fleisches
gewährt uns die einzige Heimat
die leibliche Flamme
worin uns des Nachts
in blind gesteigertem Crescendo
der Atem zum Leben erwächst
In diesen Tagen wurde die Unmäßigkeit
zu unserem einzig gültigen Maßstab
der Aufruhr herzschlagenden Blutes
die Essenz unserer Moralität

Kein anderes Empfinden
vermag unser Leben
mit solcher Intensität
einzufärben
keine andere Erfahrung
entblößt uns
in aller Evidenz
das Paradox unseres Daseins
enthüllt die Schatten im Licht
gebiert in lichter Finsternis
den nächtlichen Glanz
eines unsagbar gleißenden Dunkels

Air des Sauvages

Du wahnsinnig wildes,
prachtvolles Weib,
Du, komm her!

Ich will mich in dein Fleisch verkrallen,
mich in dich drängend kraftvoll einverleiben,
dich zitternd an die Erde pressen,
mit Haut und Haar dich an mich klammern,
bis zuckend und beißend ungestüm
du deine Krallen in mich schlägst
und mich die honigsüßen Säfte nässen.

Vor deiner Wildheit knie ich nieder
in Demut
preist mein Verstand die Urkraft
deines ungebändigten Geschlechts,
bete ich an
das Unmaß deines Verlangens,
die Tollheit deiner gierigen Lippen,
die sich öffnend, saugend, verschlingend
mich an den Rand des Wahnsinns zwingen.

Zwischen Blut und Sperma
grabe ich nach
dem Sediment verflogener Träume
suche ich den letztgültigen Grund,
finde ich schließlich
die Rechtfertigung aller Existenz.

Ich hab ein wildes Tier

Ich hab ein wildes Tier in dir geweckt,
das nun wie toll an seinen Ketten zerrt.
Es war so lange schon in dir versperrt,
daß es voll Gier die scharfen Zähne bleckt.

Du hast so instinktiv mein Blut geschmeckt,
daß du dich einen Teufel darum scherst,
ob du mich nun liebst oder nur begehrst,
sondern mir einfach mal den Schwanz geleckt.

Dein wildes Tier hat aufgewühlt in mir
ein Zerren und Verlangen in der Brust,
daß aller Verstand machtlos wird und stumm.

Wie tief in mir sitzt dieses selbe Tier?
Denn erst entfesselt wird es mir bewußt:
Ich muß es zähmen, sonst bringt es mich um.

Wir leben doch

Ich weiß
du fürchtest zuviel Nähe
und brauchst sie mehr noch
doch als ich

Ich spüre
deine Sehnsucht nach Vertrautheit
und fliehst sie doch
wenn sie sich einstellt

Ich sehe
deine ungeweinten Tränen
die tapfer
du in dir verbargst

Ich höre deine stummen Schreie
die niemand sonst
wohl je vernahm

Ich will dich
aber nicht bedrängen
denn deine Wunden sitzen tief

Ich werde
dir weder Feind
noch Hüter sein
so fürchte nicht
daß ich dich rief

Wir leben doch
nur dieses eine Leben
und sollten damit glücklich sein
denn jeden Tag
wird es nur einmal geben
ob voller Glück oder voll Pein

Wenn ich dich küsse

Wenn ich dich küsse
ist es nicht einfach
nur mein Mund
der sich auf deinen preßt
ist es nicht nur
das gegenseitige Atemholen
hin zur Ekstase
nicht einfach
nur ein Kuß

Manchmal
wenn ich dich küsse
scheint hinter dem Schleier der Lust
auch eine Ahnung verborgen
von Dingen
an die ich nicht glaube
die ich als unwahr
erkannt habe

Unser fleischliches Vermächtnis
prägt nicht nur unser Verlangen
läßt uns verheißend auch spüren
was wir nicht erkennen
weist über die Zufriedenheit
eines gesättigten Daseins hinaus

Wieder und wieder
möchte ich eintauchen
in die feucht schimmernde
pulsierend warme
überaus empfängliche Orchideengrotte
dieses bergende Dunkel
das unser aller
erster Weg war
hin zum Licht

Könnte ich deine Stimme ...

Ich weiß nicht
was ich mehr liebe.
Ist es das Lachen
deines offenen Blicks,
oder sind es deine geschlossenen Augen,
die träumen?

Ich liebe das kleine Mädchen in dir
genauso wie die reife Frau an dir,
deine Offenheit mit mir
wie dein Bekenntnis zu dir.

Ganz besonders aber liebe ich
deine sanfte Art zu sprechen,
den warmen Tonfall deiner Worte.

Ich wollte,
ich könnte deine Stimme küssen,
könnte sie ebenso zärtlich streicheln
wie sie sich samten in mich schmiegt.

Im Leben führt sonst keine Kraft
so zu uns selbst und reißt uns fort,
läßt künden uns von Leidenschaft:
Du bist die Stimme, ich das Wort.

Welch ein Brand

Wenn ich bei dir bin –
wie klein werden all die großen Worte,
welche Größe kommt der kleinsten Geste zu!

Bereits ein leiser Hauch
entfacht den mächtigsten Sturm
und welche Brände
entzündet schon ein Blick!

Wenn du bei mir bist –
wie winzig wird die Welt
und wie gewaltig
der kleinste Augenblick,
in dem die Zeit selbst versinkt,
sich niedersenkt, kurz innehält
und über ihre Unerbittlichkeit nachsinnt.

In der Liebe wie im Leben

In der Liebe wie im Leben gilt:
Die Sehnsucht bleibt stets ungestillt.
Wonach man sich nicht sichtbar drängt,
wird einem dann von selbst geschenkt.

Denn unerschöpflich ist das Liebesspiel:
Die Kraft und Lust, die ich dir gab,
die gabst du mir, ich selber hab
nichts zugetan, tat nur, was mir gefiel.

Da wird aus nichts die ganze Welt,
aus etwas wächst noch immer mehr.
So ist es um die Welt bestellt,
doch zu begreifen nur sehr schwer.

Das Maß der Liebe

Die Welt ist krank und aus den Fugen
und ächzt und stöhnt um ihr Geschick,
weil wir uns stets danach betrugen
als wär die Welt ein Beutestück.

Ich hab kein Haus dazugebaut,
wollte nie seßhaft darin werden.
Die Welt ist mir so unvertraut;
denn Fremde sind wir hier auf Erden.

Drum blieb ich frei und ungebunden,
wollt keines Menschen Stütze sein,
hab manche Bindung überwunden
und lebe gern für mich allein.

So hielt ich es bis an den Tag,
da ich in deine Augen schaute.
Ich ahnte nicht, was ich vermag
als ich meinem Instinkt vertraute.

Dein Blick war mir so wohlbekannt,
ich täuschte mich ganz sicher nicht.
Vom ersten Augenblick gebannt
sah ich in deinen Augen mein Gesicht.

Als Aug an Aug und Blick auf Blick
so heftig aufeinandertrafen,
da gab es keinen Weg zurück;
wir mußten miteinander schlafen.

Der Tag floh hin wie auf Gazellen
und ließ des Nachts uns Sterne blühn.
Wir schöpften Kraft aus alten Quellen,
daß unsre Furcht vertrieben schien.

Wie wohl und traulich kann ich leben
wenn ich mit dir zusammen bin.
Und doch besteht auch noch daneben
ein Sehnen nach dem Neubeginn.

Kein Glück auf Erden ist von Dauer
und ist kein Frieden uns beschieden,
weil Sehnsucht, Schmerz und tiefe Trauer
uns prägen, was wir sind hienieden.

Die Angst dafür ist immer hier
und nistet sich in allem ein.
Sie frißt an uns wie Krebsgeschwür
und läßt uns nirgends heimisch sein.

Ist auch die Liebe noch so stark,
der Alltag ist meist stärker.
Was sich an Kraft in ihr verbarg
steckt dann in einem Kerker.

Ein Schluß war unabwendbar,
es konnte nicht von Dauer sein.
Daß man einmal glücklich war
erkennt man erst im nachhinein.

Ich jagte meinen Träumen hinterher,
getrieben aus dem Wunsch heraus, es fände
mein Leben durch die Liebe eine Wende,
denn jeder Tag ist ohne Wiederkehr.

Du wolltest keine enge Bindung mehr;
im Anfang siehst du immer schon das Ende.
Weil mit der Zeit auch deine Liebe schwände,
fliehst du, denn zu vertrauen fällt dir schwer.

Wir kannten uns nun doch hinlänglich,
um nur noch das in uns zu finden,
was ohnehin schon darin ist.

Denn kein Gefühl ist unvergänglich;
alles Erleben nur Empfinden,
das im Vergehen sich bemißt.

Bevor die Zeit mit dir

Bevor die Zeit
mit dir begann
war vieles einfach
nur ohnmächtiger Wunsch
eine Zeit ohne Gestalt
gelebt und gestorben
im selben Augenblick

Du aber
brachst über mich herein
wie eine Naturgewalt
daß alles hilflose Sehnen
zerstäubte ins Nichts

Wie Morgentau verflog die Zeit
in sengender Sonnenglut
erwies sich der Traum
als die hinfällige Kraft

Bevor die Zeit
mit dir begann
war vieles aber auch einfacher
denn nicht in mir selbst
verzehrte ich mich
so wie jetzt nach dir
kannte die Sehnsucht
kein konkretes Ziel
erfüllte sich vielmehr
in allem und nirgends
im Traum wie in der Kunst

In der Zeit mit dir
schwang sich mein Leben
zu höchsten Gipfeln empor
entzog sich der Boden mir
daß ich gelassen
mich fallen ließ
nicht um zu stürzen
sondern mich aufzuschwingen

In der Zeit
vor unserer Zeit
war vieles einfacher
einiges auch zu einfach
Alles aber war einfach nichts
von der möglichen Fülle des Lebens
nicht das rasende Herzpochen
nicht der Tau auf deinen Lippen
nicht das brennende Verlangen
gelöst in deinen Armen

In der Zeit mit dir
erfuhr ich auch
wieder die Angst
etwas zu verlieren
was ich gar nicht besitzen kann
lernte ich
mit aufgerissenem Herzen
die ohnmächtige Bitternis kennen
wenn sich dein Verlangen löst von mir

Bevor die Zeit mit dir
doch irgendwann
zu Ende geht
will ich darum
zeitenthoben
in deiner Gegenwart
innehalten und sanft
die Welt zum Traum gestalten

Weil auch die Zeit mit dir
sich einmal senkt
in die Vergangenheit
verklingt und erstirbt
zu Erinnerung
darum laß mich
noch einmal glücklich sein
und laß mich dann
in meinem Schmerz allein

Wenn dann mein Glück mit dir zerbricht,
ein Ende sich von selbst ergibt,
erinnre dich, vergiß es nicht:
Ich habe dich einmal geliebt.

Keinen anderen Grund

Einzig die Musik
gibt mir die Kraft
für den Krieg
den das Leben
gegen uns führt

Du wirst fragen
Was ist mit der Liebe?
Mit dem Herzpochen?
Dem rasenden Verlangen?

Die Liebe läßt dich zittern
Auf einen Blick
ein freundliches Wort
wirst du dich verzehren
bodenlos

Du wirst dich winden
schlaflos wälzen
nur noch Schmerz
und Sehnsucht sein

Die Liebe ist die Falle
die jeder sich selbst stellt
in die ein jeder fällt

Wo Ruhe war
ist Aufruhr
wo Vernunft
nur noch Verlangen
wo du frei warst
herrscht dann sie

Die Liebe macht
dich verletzlich
verwundbar
wie einen aufgeschnittenen Leib

Sie macht dich zittern
hebt dich hinan
dich irgendwann
zu zerschmettern
peitscht dein Leben empor
es fern von dir zu halten

Liebe ist erbarmungslos
eine Jägerin
mit vollendeter Technik
Wen sie in ihren Fängen hält
der zerfleisch sich selbst

Liebe bedeutet Krieg
Erbeutung dessen
was man begehrt
oder Vernichtung
Krieg auch gegen sich selbst
wider die eigentliche Natur
ist wahrhaft
höchste Gefahr
für Leib und Leben

Obwohl du leidest daran
wirst du nicht
aufhören zu lieben
weil selbst ein Leben
ohne Leidenschaft
keine Leiden abschafft

Es ist nicht besser
nicht zu lieben

denn es gibt sonst
keinen anderen Grund
für das Leben
und das Sterben
für die Hoffnung
wie die Verzweiflung
keinen Grund
für den endlosen Schmerz
oder das unstillbare Begehren
keinen Grund
für dich
wie für mich

Liebe wühlt in Abgründen
umpflügt in der Tiefe
alte Lust
zu neuem Schmerz

Doch tiefer noch
greift die Musik
erweckt in uns
das mächtigste Empfinden
das in allen Bäuchen schlummert

Einzig die Musik
verhilft wirrem Gefühl
zu Form und Bestand
verschmilzt Chaos und Ordnung
zu Schönheit maßloser Gestalt

Einzig die Musik
gibt uns
Feuer noch zur Freude
Leidenschaft für die Liebe
Ermutigung in der Einsamkeit
und Trost auch in der Trauer

Die Extremistin

Ein Leben ohne Liebe
– das ist ein solcher Schmerz …
Doch ein Übermaß an Liebe
– das ist die Hölle selbst

Jetzt lieg ich hier
allein mit meinen Tränen
und wälze mich
zutiefst geschunden
in namenloser
abgrundtiefer Nacht

Es quält mich
und es zehrt mich
daß kein Mensch
so mehr leben will

Denn du bist voller Zwiespalt
liebst nichts so sehr wie das Extreme
lebst ständig deinen Widerspruch
fühlst erst im Äußersten dich
tief im Innern bewegt

In der wildesten Ausschweifung
feierst du die überwundene Enthaltsamkeit
im rasendsten Feuer
spürst du deinem Frieden nach
der geheimen Zuflucht
tief in dir

Im Manne suchst du die verborgene Frau
und findest in der zärtlichsten Geste
noch den Funken an Gewalt

Innigste Nähe
ist dir nichts
als Aufgabe von Freiheit
bedeutet Intimität dir mehr
einengende Bedrückung
denn Halt im Geborgenen

Die Einsamkeit erst
läßt dich Vertrauen fassen
zu den Menschen
denn unter Menschen
fürchtest du dich
zu verlieren und auszuliefern
erdrückt dich schon
die nackte menschliche Präsenz

Vertrauen wird zur Ohnmacht dir
Liebe schutzlose Preisgabe
voller Schmerz

Die Stille und die Leere dann im Frost
treibt dich trotz allem auf die Jagd
suchst du in deiner Sucht
nach Männern nur den einen
der dir dann doch nicht mehr gefällt
reißt du gleich wieder ein
was sich zu fügen dir droht

Nichts bleibt dir gleich
stetiger Wandel
ist dir einzige Konstanz
das Unerreichbare dein Ziel

Ich kann dich nicht ändern
und du nicht wider dich
Ich liebe dich und deinen Widerspruch
doch ich weiß nicht
ob ich so lieben kann

Es wäre die Liebe nicht

Ich schäme mich
die nicht zu lieben
die sich nicht schämt
mich zu lieben

und verachte mich
die zu lieben
die mich nicht achtet

Ich liebe
wo ich liebe
werde ich nicht geliebt

Wäre die Liebe
wie wir denken
es wäre die Liebe nicht

Weil ich denn

1
Weil ich sie brauche
will ich deine Liebe
nicht mehr

denn mehr noch
brauche ich meine Liebe
um ihretwillen

2
Weil ich dich liebe
habe ich meine Liebe
abgetötet zu dir

Denn ich will nicht
daß meine Liebe
erstirbt in mir

In deine Stimme

Ich hab in deine Stimme mich verliebt
in deine Augen, deinen Blick.
Zu lange schon hatt' ich Verzicht geübt
und konnte nun nicht mehr zurück.

In meine Hände hab ich dich genommen,
in deine Hände aber gab ich mich
und bin seither kaum noch dazu gekommen,
an anderes zu denken als an dich.

Die ganze Welt versank versöhnt in Träumen
und war doch nie zuvor so wach wie jetzt.
Man darf vor lauter Glück nur nicht versäumen,
auch noch man selbst zu bleiben bis zuletzt.

Doch währte diese Zeit nur allzu kurz
und viel zu schnell auch folgte schon danach
ein tiefer, abgrundtiefer Höllensturz,
der mir fast allen Lebenswillen brach.

Es ist die nackte Unerreichbarkeit,
die allen Frauen innewohnt,
ist die errungene Erfahrenheit
es letztlich, was die Mühen lohnt.

So ist Gewinn noch der Verzicht,
Liebe ein Irrtum, folgenschwer.
Denn was man braucht, das kriegt man nicht
und was man hat, will man nicht mehr.

Dein Blick

Dein Blick, der hat mich eingefangen
und liegt so oft mir noch im Sinn;
so oft versank ich schon darin;
es wächst mein Sehnen und Verlangen.

Doch wieviel Zeit ist schon vergangen,
wie viele Tage flossen hin,
seit ich bei dir gelegen bin,
als damals alles angefangen.

Wie währte dieses Glück nur kurz
und ward so schnell gefolgt von einem
tiefen, abgrundtiefen Höllensturz.

Denn ich verlor mein Herz in deinem,
das sich verschloß, nichts zu sich ließ,
und das verwehrt, was ich verhieß.

Der folgenden Zeit

Andere Lippen
sollen mich küssen
jetzt
und tilgen die Siegel
von deinem Munde
eine andere Stimme
den Fluch meiner Liebe
brechen zu dir

Andere Hände
ersehne ich mir
die Spuren zu verwischen
eingeprägt von dir
und andere Augen
darin zu versinken
wie in den Tod

Eine andere
solche Leidenschaft erst
wird die alten Wunden ausbrennen
die mir geschlagen
das nächste Feuer dann
die kalten Gluten
endlich löschen

Neue Hoffnungen
sollen die schlaflose Leere
mir füllen mit Träumen voller Trost
neues Sehnen mich neuerlich
entreißen der Verzweiflung

Doch selbst auf Gipfeln
lebenspraller Lust
bleibt unvergessen mir
die Trauer
um die Zeit mit dir
werde ich nie wissen können
weine ich in meinem Glück
oder aus tiefstem Schmerz?

Nicht ein Tag

Nicht ein Tag
ist vergangen
seither

Keine Nacht
in der ich nicht
an dich gedacht

Ich kann nicht
vergessen
und kann nicht
mich wehren
gegen die Zeit
zusammen mit dir

Ich habe lange gebraucht
um zu begreifen
daß nicht du es warst
der all meine Liebe galt

Es war nicht
dein Blick
nicht deine Stimme
noch deine wilde Natur
 – und es war erst recht
nicht du
die du dir bist
und mir sein wolltest

Meine Liebe galt
vielmehr
meiner Liebe
die sich selbst
in dir gespiegelt
wiederfand

Dein Verlangen
die Männer zu strafen
verband sich in mir
mit dem Haß und der Furcht
auf das eigene Geschlecht

Darum liebtest du mich
und ich in dir
den Haß in mir

Wenn ich jetzt liebe
weiß ich nicht
was ich liebe
wen ich liebe
außer mich selbst
Nicht einmal die Trauer mehr

Du verachtest
wen du liebst
und liebst
wer dich verachtet
Liebst also doch
eigentlich
die Verachtung
in dir
verabscheust die Liebe
die du nicht erträgst
und machst dich
unerträglich allen
die dich lieben

Wer dich liebt
liebt das Scheitern
in dir

liebt eine
unerfüllbare Sehnsucht
deren hilflosen Schmerz
er fühlt
vermag in der Liebe
nicht einmal
zu hoffen mehr
auf Liebe

Fremd unter Menschen
und entbehrlich
aller Welt
läßt du dich
nirgends nieder
sondern gehst
um nicht verlassen zu werden
und fliehst doch
viel zu früh
stirbst du mir
mitten im Leben

Nichts
nicht einmal
die Trauer mehr
kann aus dieser
unbarmherzigen Leere führen
nichts
die quälende Bitternis tilgen
die ihre Wurzeln
so tief in uns grub

Zu keiner Zeit
wurde es leichter
kein Vergessen
linderte die Qual
und nur die Hoffnung
mochte mich noch täuschen

Zwar hielt ich stand
meinem hungrigen Herzen
aber als unbeugsam
erwies sich meine Sehnsucht
die mich wie einen Hund
in ihre Ketten zwang

Ich war nicht blind
ich konnte nur nicht glauben
was ich längst wußte
wollte einfach nicht sehen
was so offensichtlich
aussichtslos war

Trostlos
wie Sterne am Tage
hellstrahlend
in gnadenlosem Licht
verborgen
im Gleißen
des hellichten Tags

Die Liebe richtet

Die Liebe richtet
ein Königreich
in uns auf

Ihre schimmernde Blüte
wurzelt tief im verborgenen
entzieht maßlose Kräfte
dem lebendigen Grunde

Die Liebe richtet nicht
nach Gut oder Böse
noch wägt sie
Gewinn gegen Verlust

Ihr Maß ist die Schönheit
der heilige Schwur
die Intensität der Empfindung
die Überschreitung
hin zur vollkommenen Natur

Sie stemmt sich gegen die Zeit
gegen den Sog des Nichts
mit der Kraft des Lebens
läßt sie junges Blut
heftiger noch strömen
und altes zu alter Frische
wieder sich beleben

Mit der Hand eines Gottes
berührt sie die Berufenen
reißt ihre Opfer
aus der bloßen Existenz
mitten hinein
in den Kern allen Lebens
schlägt Flammen noch
aus dem härtesten Stein

Und was nicht brennen will
das richtet sich im Moder ein
wird faulig blaß und krank
und stirbt spät in der Nacht

Die Liebe richtet
ihre Hölle
in uns ein

Ihren bohrenden Stachel
treibt sie tiefer ins Fleisch
zerstückt ihre Beute um so grausamer
je mehr sie ihr gewährt

Die Liebe richtet hin
das arglose Herz
dem es erst die Ruhe
und dann den letzten Willen nimmt

Ihr Joch ist die Hingabe
ihre Waffe das zweischneidige Schwert
ihre Geißel das heftige Verlangen
die rastlose Hetzjagd
nach dem vollkommenen Glück

Ihre Stunde schlägt unerwartet
zu jeder Zeit
wenn fehlgeleitet
unsere Sehnsucht
auf der falschen Fährte sucht
und statt zu träumen
wieder sich ins Leben stürzt

Wie die Strafe eines Gottes
sucht sie ihre Opfer heim
die Herzen plündernd
sät sie Haß und Verzweiflung
versklavt die Gemüter
raubt alle Tröstung
und entfacht einen Brand
der uns alle verschlingt

Ein Königreich brandschatzend
den Menschen zu Feuer
und Flamme verdammend
– so richtet die Liebe

5

... zur Welt

Es verfehlt die Welt, wer sich ihr stellt und ihr verfällt
geradeso wie der, der gar nichts von ihr hält und
unverstellt ihr ihren Lug und Trug entgegenhält

Vor Morgen

Vor Morgen –

> Noch eingefroren
> Im Nachteis
> Im glatten Marmor
> Schwarz die Stille
> Samtiger Duft
> Frisch
> Aufgeworfener Erde

Vor Morgen –

> Noch silbert es dunkel
> Das schwarze Nichts
> Durchstochen
> Von eisigen Sternen

Vor Morgen –

> Noch schleicht
> Hoffnung sich aus
> Den dämmernden Tiefen
> Verwehen die Stürme
> Im Abgrund
> Aller Zeit

Vor Morgen –

> Siehe
> Die blaue Empfängnis
> Ein Tosen
> Unhörbar
> Im Flüstern
> Der Vergangenheit

Vor Morgen noch
Möcht ich erwachen
Mitten im Dunkel
Aufbrechen
Vorsichtig
Meine Schritte setzen
Im Finstern
Wenn der Weg noch
Nicht zu erkennen ist

Korfu

Ein blaugrauer Schildkrötenpanzer,
Unvermittelt pastellenem Dunst
Körperlos entstiegen:
Wie ein allzeit lebendiger Traum
Taucht Korfu aus der Tiefe auf.

In den leuchtenden Buchten
Spiegelt sich glanzvoll der Himmel
Im tiefsten Blau des Ionischen Meeres:
Das große Versprechen auf Glück,
Das hier schon jetzt sich findet.

Der herbe Biß
Von schwarzen Oliven:
Elementar,
Wie die sonnendurchglühten Hügel
Und die dunklen Schleier der Nacht.

Im Dunkel die Lichter
Oben auf dem Berge:
Wie untergegangene Sterne,
Die jetzt auf dem Grunde
Versunken von ihrer Heimat
Im Himmel träumen.

Gegen den Atem der Götter
Sind wir machtlose Wesen,
Die Schönheit schufen
Und Vollendung nur für sich selber,
Nicht für die Menschen.

Playa Quemada

Die schwarzen Fluten Lanzarotes,
Wellen wie flüssiges Graphit,
Auf deren Kämmen weißer Schimmel thront
Und leuchtender Abglanz der Sonne.

Den Wogen entstiegen düstere Wolken,
Ein Meer, das im Himmel sich findet.
Der Wind hetzt seine willigen Opfer
Hinauf in die Felsen aus Anthrazit
Zerstiebend zu weißflammender Glut.

Lanzarote,
Dein Atem ist lebendiges Feuer,
Den Tiefen der Erde entströmend.

An deinen Küsten sind Feuer und Wasser,
Erde und Luft nicht länger geschieden;
Hier flammen die Wasser an Küsten wie Kohle
Und die Luft tränkt die dürstende See
Wie einen Garten,
Der sich nach Regen sehnt.

Deine schwarze Erde,
Lanzarote,
Lebendige Frucht urgründigen Feuers,
Verglüht unter den Strahlen der Sonne
Zu Wolken aus Schiefergrau und Weiß,
Deine Wogen wie flüssiger Sand,
Geschmeidig sich duckend
Unter dem Jähzorn der Winde.

Bambus im Schnee

Gefrorenes Grün
Blau schon die Ränder
Dem trüben Himmel
Trotzig entgegengereckt

Von sanften Kristallen
Blütenweiß gebettet
Verbirgt sich das Leben
In einem Grab
Tief unter der Erde

Deine Zeit wird kommen
Schlafender Keim
Denn du bist stark
Stark wie der Sommer

Und du wirst wachsen
Auf Gedeih und Verderb
Eine einzige Blüte
Bis zur totalen Erschöpfung
Der Kelch ist geleert
Wenn er sich entfaltet

Gewaltig wie dein Leben
Ist dann auch dein Sterben
Weltweit
Und auf einen Schlag

Pappelflug

Sommerschnee
Flocke um Flocke
Taumelnd im Wind
Treibend um zu treiben

Ausgesandt zu Millionen
Über Gräser verweht
Daß eines nur Wurzeln schlage
Dem ewigen Kreislauf
Zu treiben und zu fallen

Seltener Vogel

Das Glück ist ein seltenes Vöglein
Das keiner fassen kann

Man sieht immer nur
Das Zittern des Zweiges
Von dem es aufgeflogen

Lost in Space

Den Kopf im Nacken
Der Himmel voller Sterne
Ziehen mich in ihre Unendlichkeit
Gestirne
Zahllos wie Regentropfen
Lockender Glanz
Aus eisigen Fernen

Jedes Glitzern ein Beweis:
Die Dunkelheit
Gebiert noch Hoffnung
– Zahllos

Die Welt fällt
Tiefer als jede Verzweiflung

Abend

Die steigenden Schatten
zerfließen zur Nacht
Erloschene Blüten
taumeln ergeben zu Boden

Ein Tag verblaßt
gesättigt von Licht
mit Wärme vollgesogen

So wie die Amsel singt
versinkt die Welt
in einem Lied

Index